AF343696

23 - 25 février 1824

CATALOGUE

DE TABLEAUX, DESSINS,

ESTAMPES, RECUEILS,

LIVRES A FIGURES, LIVRES SUR LES ARTS,

MÉDAILLES EN ARGENT ET EN BRONZE,

DE MODULES DIFFÉRENS, ET AUTRES OBJETS,

QUI COMPOSAIENT LE CABINET

DE FEU M.r GOUNOD,

Peintre, ancien Pensionnaire de l'École de France à Rome,
Dessinateur du Cabinet de Feu S. A. R. M.gr le Duc de Berry,
et Maître à dessiner de MM. les Pages du Roi.

PAR F.-L. REGNAULT-DELALANDE.

330

*Cette Vente se fera le Lundi 23 Février et jours suivans,
six heures de relevée,*

HOTEL DE BULLION (Salle N.o 4),
Rue J.-J.-Rousseau, N.o 3.

*L'Exposition des principaux Objets aura lieu le
Dimanche 22, de midi à quatre heures.*

Le présent Catalogue se trouve à PARIS,

Chez MM. {
FÉLIX, Commissaire-Priseur, rue du Faubourg-Poissonnière, n.o 18 ;
REGNAULT-DELALANDE, Peintre et Graveur, cul-de-sac des Feuillantines-St.-Jacques, n.o 12.
}

DE L'IMPRIMERIE DE LEBLANC.
1824.

Cabinet S. de Rigal

D35412

ABREVIATIONS.

B.	Bois.	l.	ligne.
broch.	broché.	Morc.	Morceau.
C.	Cuivre.	p.	Pièce.
D'apr.	d'après.	p.	pouce.
Épr.	Épreuve.	pap.	papier.
Est.	Estampe.	Pl.	Planche.
Fig.	Figure.	rel.	relié.
H.	Hauteur.	T.	Toile.
L.	Largeur.	Vol.	Volume.

ORDRE DE LA VENTE.

Le Lundi 23, les Tableaux, partie des Dessins, le Mannequin, les Ustensiles de Peinture, les Médailles et autres Objets de curiosité.

Le Mardi 24, la Suite des Dessins et partie des Estampes.

Le Mercredi 25, la Suite des Estampes, les Recueils, les Livres à Figures, les Livres sur les Arts, les Outils de Graveurs et les Cuivres.

NOTICE

SUR

FRANÇOIS-LOUIS GOUNOD.

—◆—

FRANÇOIS-LOUIS GOUNOD naquit à Paris, le 20 mars 1757, de Nic.-Fr. Gounod, fourbisseur du Roi *. Destiné à suivre la carrière des arts, le jeune Gounod reçut des leçons de dessins de M.ʳ Lépicié, peintre du Roi ; à ses premiers essais, les Maîtres d'alors reconnurent le sentiment inné dont il était doué ; encouragé par leurs conseils, le jeune homme se livra sans réserve à l'étude, et dut à ses rapides progrès l'avantage de parvenir à gagner trois fois le prix de la tête d'expression à l'Académie.

En 1783, M.ʳ Gounod remporta le second prix de peinture sur le tableau représentant Jésus-Christ ressuscitant le fils de la veuve de Naïm ; admis à la

* A ce titre, logé aux galeries du Louvre, où est né M.ʳ F.-L. Gounod, son fils.

pension du Roi, M. Gounod partit pour l'Italie, en 1788. La vue des chefs-d'œuvre qui couvrent en quelque sorte cette patrie des Beaux-Arts, vint encore accroître son ardeur pour l'étude; la majesté de l'Antique, la fierté de Michel-Ange, et les grâces de Raphaël, furent les sources inépuisables où il perfectionna ses talens. Chargé d'une abondante récolte d'Esquisses et de Croquis, cet Artiste repassa en France en 1793. La correction, la pureté des contours et la noble expression, caractère ordinaire de ses Ouvrages, lui assurèrent dès-lors une place distinguée au nombre des plus habiles Maîtres. Mr Gounod est au rang des hommes dont l'exemple, pendant dix années (de 1782 à 1792), donna aux études du Dessⁿ l'élan porté à un si haut degré par les Artistes dont s'honore l'École actuelle : l'un des premiers il fixa l'attention de ses émules sur les chefs-d'œuvre antiques, et, par son exemple, les porta à en faire l'objet particulier de leur étude.

La rare modestie de Mr Gounod, une trop grande sévérité pour lui-même, l'ont empêché de jouir du fruit de ses travaux; on peut croire cependant, par le mérite qu'on trouve dans les Portraits qu'il a peints, que les tableaux d'histoire qu'il eût exécutés, en enrichissant l'École française, eussent ajouté à la gloire de leur auteur.

En 1806, M.ʳ Gounod épousa M.ˡˡᵉ Victoire Le Machois : aux soins affectueux de cette épouse chérie, vint se joindre le double gage de leur tendre union; ainsi fut complété le bonheur des dernières années de son existence. Tant de félicités devaient avoir leur terme : depuis près de deux ans, la santé déjà très-délicate de M.ʳ Gounod s'affaiblissait sensiblement; l'art fit de vains efforts pour le rendre à une épouse, à des enfans, à des parens et à des amis qui le chérissaient tendrement; le chagrin de le voir cesser d'exister * ne fut adouci que par les consolations de la Religion, qui vinrent calmer la douleur de ses derniers momens.

Ce Maître fut successivement nommé Professeur de Dessin à l'École Polytechnique, Professeur de Dessin de MM.ʳˢ les Pages du Roi, et Dessinateur du Cabinet de S. A. R. Monseigneur le Duc de Berry.

Rendre justice au mérite était pour M. Gounod le premier besoin : ceux de ses contemporains dont les remarquables productions concouraient à augmenter la gloire de sa patrie, excitaient en lui des sentimens d'admiration et de reconnaissance, qu'en toute occasion il se plaisait à leur témoigner. Le

---

* M.ʳ Gounod est mort à Paris, le 4 mai 1823.

caractère de Mr Gounod lui avait gagné l'affection de ses anciens camarades, aujourd'hui au premier rang; son esprit était juste et fin, son intimité douce et aimable, et sa fidélité à son Prince portée au plus haut degré.

AVERTISSEMENT.

On remarque, dans le nombre des Tableaux de ce Cabinet, une Tête de Christ, que feu M.ʳ Gounod estimait être une des meilleures productions de *Rembrandt* (Tabl. signé *R. F.* 1656); différens Sujets par *Van Dyck, Jean Miel, Séb. Bourdon, J.-Bapt.-Sim. Chardin* et *Fr.-Guil. Ménageot.* Les Dessins offrent des Compositions, des Esquisses et des Études de *Michel-Ange, Jordaens, Le Poussin, Le Sueur, Le Brun, Latour,* et *Jos. Vernet.* Les Estampes, des Morceaux de vieux Maîtres, d'autres à l'eau-forte, par des Peintres d'Italie, des Pays-Bas et de France; quelques Pièces par *Volpato, Porporati, Morghen, Pesne, Nanteuil,* les *Audran* et *Drevet;* des Sujets de tous genres, d'après des Maîtres de différentes Écoles, et des Dessins lithographiés, par des Artistes de l'École moderne.

Les Recueils se composent de Suites d'après Raphaël, Jules Romain, Van Dyck, le Sueur, Ozanne, etc. ; d'Ouvrages principalement sur l'Architecture, l'Antiquité, tels que Monumens, Bas-Reliefs, Statues, Pierres gravées, Médailles, etc.; et de Collections de Portraits.

On trouvera, parmi les Livres à Figures, les

Fables de La Fontaine, Figures de *Simon* et *Coiny*.

Au nombre des Curiosités, des Médailles consulaires en argent; d'autres en bronze, de grand, de moyen et de petit module.

Les Mesures des Tableaux ont été prises de l'arrasement intérieur de la bordure; celles des Dessins, du trait carré qui entoure la Composition.

L'Étoile placée près des numéros, aux articles des Dessins et des Estampes, sert à indiquer les Morceaux qui sont sous verre.

CATALOGUE.

TABLEAUX.

BOURDON (Par *Sébastien*).

1 La Fuite en Égypte : la Sainte-Famille se dirige vers
un lac bordé de hautes montagnes. ʜ. 7 p. 5 l., ʟ. 9 p.
11 l. — Plus, une Étude d'Arbre : ce second Tableau
peint par *Jos. Vernet.* ʜ. 14 p. 5 l., ʟ. 11 p. 6 l.
2 Tabl. *T.*

CHARDIN (Par *Jean-Baptiste-Siméon*).

2*Chardin représenté en bonnet de nuit et en robe-de-
chambre, et des lunettes sur le nez ; et l'Epouse de ce
Peintre : deux Portraits peints au pastel. ʜ. 16 p.,
ʟ. 13 p. 6 l.

3 Un Panier de Prunes, une Corbeille de Raisins et
d'autres fruits, sur des appuis : Morc. de 11 p. 3 l.
de ʜ., sur 14 p. 6 l. de ʟ. — Du Jambon dans un plat,
un Pain, une Bouteille et un grand Gobelet d'argent : Morc. de 29 p. 2 l. de ʜ., sur 23 p. 2 l. de ʟ. —
— Des Grappes de Raisins, une Poire de Coin et des
Noix : Morc. de 17 p. de ʜ., sur 13 p. 6 l. de ʟ. : de
ces quatre Tabl. de Chardin, le 4.ᵉ est sans bordure.
— Plus, des Fleurs, par *Monnoyer;* et une Tête de
Lion, Etude d'*Oudry :* 6 Tabl. sur *T.* 2 Lots.

DYCK (Par *Antoine Van*).

4 La Sainte-Vierge présentant l'Enfant-Jésus à Saint
François qui vient lui rendre hommage ; dans les airs
une gloire d'anges : Morc. de 25 p. de ʜ., sur 14 p. 6 l.
de ʟ. — Sainte méditant sur l'Ecriture : ses yeux

Suite des Morceaux d'Antoine Van Dyck.

élevés vers le ciel. Morc. de 3 p. 6 l. de h., sur 2 p. 6 l. de l. — Un Homme représenté à mi-corps, un papier à la main : Morc. de 8 p. 4 l. de h., sur 6 p. 10 l. de l. Ces trois Tabl. peints en grisaille sur *B.*; le dernier est aussi attribué à Van Dyck. 2 Lots.

GOUNOD (Par feu M.*François-Louis*).

5 Sujets de prix : Etudes de Figures et de Portraits : Morc. de proportions différentes. *T.*

LATOUR (Par *Maurice-Quentin* de).

6* Portraits d'Hommes, Portraits de Femmes : 23 Morc. peints au pastel, 10 sous verre; les autres sur châssis ou en feuilles.

MENAGEOT (Par *François-Guillaume*).

7 L'Envie poursuivant la Renommée : Sujet traité d'une manière ingénieuse et spirituelle. h. 37 p. 10 l., l. 33 p. *T.*

MIEL (Par *Jean*).

8 Deux jeunes Garçons assis à la porte d'un Cabaret : l'un pince de la guitare et fait danser un villageois qui tient d'une main son chapeau et de l'autre une bouteille; près de là un tonneau; à gauche, un chien jappe après des personnes éloignées : Morc. vigoureux de ton, touché avec fermeté. h. 3 p. 4 l., l. 4 p. 2 l. *C.* forme ovale.

REMBRANDT (Par *Van Rhyn* dit).

9 Jésus-Christ vu à mi-corps, les mains jointes : le haut du manteau brun dont il est vêtu est en partie caché par sa barbe et par sa longue chevelure; à droite, sur le fond : *R.f.* 1656. Ce Tabl. harmonieux, lumineux de

ton, et d'une admirable expression, était regardé par
feu M.ʳ Gounod, comme une des belles productions de
Rembrandt; il offre une Etude du Sujet où le Sauveur
est représenté à table avec deux pélerins, dans le
château d'Emmaüs. н. 14 p. 2 l., l. 12 p. *B.*

10 Esquisses d'*Aubry*, *Baugin*, *Bourdon*, *Doyen*, *Fragonard*, *Jouvenet*, *La Fosse*, *Menageot*, *Natoire*,
Rubens, *Trémollière*, etc., Copie d'apr. Le Poussin
et autres. 32 Tabl. : 22 sont sans bord. 10 Lots.

11 Chasse au Cerf: petit Médaillon sur une boîte noire;
— treize Paysages, la plupart par des Maîtres français.
à 1 de ces Tabl. 1 bord. 3 Lots.

12 Etudes de Têtes, les unes dites de *Lanfranchi*, *Holbein*,
Van Dyck, *Rembrandt* et *Poelenburg*, les autres de
Ménageot, *Vien*, etc. 22 Tabl. 7 sans bord. 6 Lots.

13 Portraits d'Hommes et de Femmes, Etudes de Têtes et
de Draperies : Morc. au pastel, 5 avec bord. (à un, une
glace), les 25 autres sur châssis ou en feuilles. 3 Lots.

14 Portraits, Etudes de Têtes et de Figures académiques.
20 Tabl. sans bordure.

15 Un Mannequin de femme, grandeur de nature, recou-
vert d'un tricot de soie. Ce mannequin par M.ʳ *Gallois.*

16 Figures de ronde-bosse en plâtre, Chevalets, Boîtes
à couleurs, Boîtes de pastels, Palettes, Brosses,
Toiles, Panneaux, Pierre à broyer, et autres Ustensiles de Peinture. 13 Lots.

DESSINS ENCADRÉS ET EN FEUILLES.

ANGO (Par).

17 Sujets, la plupart tirés de l'Histoire Sainte, exécutés

d'apr. des Peintures et des Tableaux de Maîtres
célèbres d'Italie : Morc. à la sanguine. 28 Dessins et
contre-Epreuves.

BOUCHARDON (Par *Edme*).

18 Compositions, Etudes de Figures académiques, etc. :
Morc. à la sanguine, par *Bouchardon* et *L. Vassé*.
17 Dessins et contre-Epreuve.

BUONAROTI (Par *Michel-Agnolo*).

19*Jésus en croix : deux Etudes de ce Sujet, l'une à la
pierre noire, l'autre à la plume; — Hercule étouffant
le Géant Antée, Etude à la sanguine; — Homme vu
par le dos : Morc. à la pierre d'Italie. 4 Dessins.
2 Lots.

CARRACCI (Par *Antonio*).

20*La Prédication de Saint Jean, par *Carracci*; — plus,
une Allégorie, par *Pietro Testa*. 2 Dessins à la plume
sur pap. blanc.

COCHIN Fils (Par *Charles-Nicolas*).

21*La Sainte-Trinité, le Bon Chef de Famille, le Bon
Vieillard : Morc. à la sanguine; — Portraits d'Hommes
et de Femmes, exécutés à la pierre noire et à la mine
de plomb. 14 Dessins. 6 sous verre.

DYCK (Par *Antoine Van*).

22*Samson et Dalila : Esquisse à la plume sur papier
blanc. H. 5 p. 7 l., L. 8 p. 5 l.; — le Portrait de Simon
de Vos, Peintre : Morc. à la pierre noire sur pap.
blanc. H. 8 p. 8 l., L. 7 p. 2 Dessins, le second connu
par l'Estampe qu'en a gravée *P. Pontius*.

GOUNOD (Par Feu Mr *François-Louis*).

23 Compositions, Etudes de tous genres, et Croquis à

la pierre d'Italie, sur pap. blanc, 1064 Dessins.

24 Figures académiques dessinées d'apr. nature, Figures d'apr. l'Antique, Etudes de Têtes, de Pieds, de Mains, de Draperies, etc., la plupart aux crayons noir et blanc, sur pap. gris, 148 Dessins. 5 Lots.

GREUZE (Par *Jean-Baptiste*).

25 Sujets, Etudes de Figures, Têtes de Vieillards, Têtes de jeunes Filles et Croquis; la plupart à la sanguine, sur pap. blanc. 8 Dessins et 13 contre-Epr. 2 des Dessins sous verre.

HENRY IV, Roi de France et de Navarre.

26 Lettre de la main de *Henry IV*, écrite à Manaud de Batz, Gouverneur de la ville d'Eause, en Armagnac. Cette lettre est de 1577. Henry IV n'avait pas encore 24 ans.

JORDAENS (Par *Jacques*).

27 L'Adoration des Rois: les Mages offrent des présens au Sauveur. Composition de quinze figures, Morc. colorié. H. 14 p., L. 9 p. 10 l.; — plus, une Chasse à l'Ours, Esquisse à la plume, par *Sneyders*, et un Paysage à la sanguine, par *A.-F. Bauduins.* 3 Dessins.

JOUVENET (Par *Jean*).

28 Sujets, Allégorie et Etudes de Têtes et de Figures académiques: les 1.res lavées à l'encre, les traits à la plume; la plupart des autres à la sanguine. 30 Dessins. 1 sous verre.

LATOUR (Par *Maurice-Quentin* de).

29 Portraits et Etudes de Têtes, d'Hommes et de Femmes:

Morc. aux crayons noir et blanc, quelques-uns mêlés de Pastels. 36 Dessins. 8 sous verre.

LEBRUN (Par *Charles*).

30 Têtes de Femme, de jeune Homme, et de Guerriers; Etudes pour les Tabl. représentant des Sujets tirés de l'histoire d'Alexandre-le-Grand. 6 Morc. dessinés à la pierre noire mêlée de pastels.

LEMOINE (Par).

31*Jean Honoré Fragonard, Peintre, représenté à mi-corps, un crayon à la main : Dessin aux crayons noir et blanc, fait en juillet 1797. н. 11 p. 10 l., l. 8 p. 9 l.

LE SUEUR (Par *Eustache*).

32 Allégorie, Esquisse à la pierre noire, sur pap. blanc; — Etudes de Figures et de Draperies, aux crayons noir et blanc, sur pap. gris. 6 Dessins.

33*Saint Gervais et Saint Protais, Etudes pour le Tabl. représentant le Martyre de ces Saints : Tabl. qui orne le Musée Royal : ces deux Dessins, aux crayons noir et blanc, sur pap. gris, portent chacun 15 p. 6 l. de н. sur 9 p. de l.

POUSSIN (Par *Nicolas*).

34*L'Annonciation : à droite, la Vierge à genoux, couronnée par deux Anges, reçoit avec respect l'Ange Gabriel qui lui annonce le mystère de l'incarnation; dans le haut, l'Eternel sur des nues : Dessin lavé au bistre, le trait à la plume. н. 7 p. 6 l., l. 8 p. 3 l.

35*Jésus baptisé par Saint Jean sur les bords du Jourdain : Composition de quinze figures, Dessin lavé à l'encre, le trait à la plume. н. 5 p. 9 l., l. 8 p. 8 l.

RAFFAELLO SANZIO D'URBINO.

36* La Force appuyée sur un Lion : elle tient une branche
de laurier, deux Génies l'accompagnent ; première
pensée du Sujet peint au Vatican : Dessin au bistre,
attribué à *Raffaello.* h. 6 p. 9 l., l. 7 p. 11 l.

SUVÉE (Par *Jean-Benoît*).

37 Etudes de Têtes, d'apr. des Tableaux de Domeni-
chino et autres, et Bustes d'apr. l'Antique : 20 Dessins
à la sanguine, sur papier blanc, la plupart par *Suvée.*
2 Lots.

VERNET (Par *Claude-Joseph*).

38* Des Pêcheurs près d'une rivière bordée de hautes
montagnes : Dessin à la pierre noire, lavé d'encre.
h. 12 p. 6 l., l. 8 p. 6 l.; et trois Esquisses de
Paysages à la plume. 4 Dessins. 2 Lots.

39 Sujets, Etudes et Croquis par *Allegri, Arpino, Ban-
dinelli, Bernini, Buonaroti, Cambiasi, Mazzuoli,
les Zuccheri; — Van Dyck, Jordaens, Luyken,
Vander Meulen, Rembrandt, Sneyders* et autres
Maîtres des mêmes Ecoles, et d'après eux. Ces Dessins
formeront 4 Lots.

40 Sujets divers, Etudes de têtes et de figures, Prin-
cipes, Croquis, Paysages, Ornemens, etc., par
*Boucher, Corneille, Fragonard, Jouvenet, Lagrenée,
Le Brun, Lépicié, Menageot, Natoire, Parrocel,
Poussin, Rigaud, Robert, les Silvestre, Suvée,
Trinquesse* et nombre d'autres Maîtres. Dessins et
contre-Epr.; plus, des Calques. 15 Lots.

41 Des papiers et des Crayons de couleurs différentes
seront divisés sous ce Numéro.

ESTAMPES ENCADRÉES ET EN FEUILLES.

AUDRAN (Par *Girard*).

42 Figures hiérogliphiques, d'apr. Raphaël; — David , Salomon, Judith, Esther, le Martyre de Sainte Agnès, les Pendantifs de l'Eglise de Saint-Charles, d'apr. le Dominiquin; — et le Martyre de Saint Laurent , d'apr. Le Sueur, etc. 21 P.

43 Sainte Françoise, Pyrrhus (P. en 2 feuilles), Camille et le Maître d'Ecole, Renaud et Armide, le Temps et la Vérité, d'apr. N. Poussin; — le Plafond de la Chapelle de Sceaux (P. en 5 feuilles), d'apr. C. Le Brun; — et le Passage de la Mer-Rouge (P. en 2 feuilles), d'apr. F. Verdier. 7 Est. en 13 feuilles.

AUDRAN (Par *Benoît*).

44 Deux Sujets de David et Goliath, d'apr. Dan. Ricciarelli de Volterre; — les Sept Sacremens, d'apr. N. Poussin; — la Maladie d'Alexandre, d'apr. E. Le Sueur. 10 P.

45 Jésus-Christ instruisant Marthe et Marie, d'apr. E. Le Sueur. Epr. avant toutes lettres.

AUDRAN (Par *Benoît* et *Jean*).

46 Six Sujets tirés de l'histoire d'Alexandre-le-Grand, gravés par *B.* et *J. Audran* et sous leur direction, d'apr. C. Le Brun; moyennes Pièces, dites *les Petites Batailles.* Anc. Epr.

BARTOLOZZI (Par *Francesco*).

47 Dix Sujets et Etudes de Figures, d'apr. Mich. Angelo

Buonaroti, Carracci, Barbieri, Cipriani et West;
Plus, par *Chatelain, Goupy, Mason, Mathieu,
Vivarès* et *Wood*; 9 Vues et Paysages, d'apr. Ph.
Lauri, Gaspar, N. Poussin et le Bourguignon. 19 r.

BAUDET (Par *Etienne*).

48 Des Anges répandant des fleurs aux pieds de la Sainte-
Famille; et sept grands Paysages: 3 de la Suite déd.
à Louis-le-Grand; les 4 autres déd. à Louis-Bourbon-
Condé. Ces 8 r. d'apr. N. Poussin.

BAUDUINS (Par *Antoine-François*).

49 Vues et Paysages, dessinés et gravés par *Bauduins* et
Abr. Genoels; et différens Sujets de l'Histoire Sacrée,
de l'Histoire Profane, etc., composés et gravés à
l'eau-forte, par *Ger. de Lairesse* ou d'apr. lui. 78 r.

BERTIN (Par M.ᵉ *Jean-Victor*).

50 Etudes d'arbres, Dessins lithographiés, de 1818 à
1822. 17 r.

BOISSIEU (Par *Jean-Jacques* de).

51 Fête champêtre, Temple de Vesta, le Pont *Lucano*,
la Rivière d'Ain, la Fontaine de Choulan, Montagne
avec cascade, petit Paysage avec pont, suite de 10
Paysages, Vieillard à front chauve, et feuille d'Etudes
de quatre demi-figures (N.ᵒˢ 21, 34, 36, 42, 49, 83,
84 à 93, 103 et 107 de notre Catalogue de l'OEuvre
de Boissieu *). 19 r.

BOURDON (Par et d'après *Sébastien*).

52 Sujets tirés de l'Histoire Sainte, Traits fabuleux,

(*) Voir, pour ce Catalogue, celui du Cabinet du Comte Rigal.
Paris, 1817, 1 vol. in-8°.

Allégories, Paysages, etc., inventés et gravés à l'eau-forte, par *Séb. Bourdon;* d'autres, d'apr. ce Maître, par *Baudet, Boulanger, Natalis, F. de Poilly, Prou* et *Rousselet.* 59 r.

BOURGEOIS (Par M.* *Flor.-Fid.-Constant*).

53 Vues d'Italie et de France, Paysages, Etudes d'arbres et autres, Dessins lithographiés. 57 r. 2 Lots.

BUONAROTI (D'après *Michel-Agnolo*).

54 Sujets et Etudes, la plupart d'apr. les peintures de la Chapelle Sixtine au Vatican, par *Giorgio* et *Diana Ghisi Mantuano,* etc. 72 Morc.

CALLOT (Par *Jacques*).

55 Les Supplices, la Carrière ou la Rue neuve de Nancy; et 94 r. par et d'apr. *Callot.* 96 Est.

CARRACCI (Par et d'après *Lodovico, Agostino* et *Annibale*).

56 La Sainte-Famille, Saint François d'Assise en extase, la Vierge et Saint Jérôme, par *Agost. Carracci;* — Susanne, le Couronnement d'Epines, la Vierge dite à l'Ecuelle, la Magdeleine, etc., par *Ann. Carracci;* et d'apr. ces Maîtres, différens Sujets gravés par *G. Audran, Baudet, Château, Fargat, Picart* dit le Romain, *Roullet* et autres. 150 Morc. 2 Lots.

CORRÈGE .(d'après *Antonio* ALLEGRI dit le).

57 Sujets de Sainte Famille et de Vierge : par *Aquila, Aspar, Briccio* et *Ravenet; Ecce Homo,* par *Agos. Carracci :* des Morc. d'apr. les Peintures de la Coupole de Parme, par *J.-B. Vanni;* la Vertu héroïque, et Image de l'Homme sensuel, par *Picart,* etc. 30 r.

CUNEGO (Par *Domenico*).

58 Sujets tirés de la Vie de la Vierge, Martyre de Sainte
Cécile, Traits fabuleux, etc., d'apr. des Peintures de
Zampieri, à Rome. 15 r.

DOMINICAIN (d'apr. *Domenico* ZAMPIERI dit le).

59 Sujets de l'Histoire-Sainte, Traits historiques et fa-
buleux, par *G. Audran*, *Dom. Barrière*, *Del Po*,
Frezza, *Maratus*, *Spierre*, *Testa*, etc.; plus, des
More. la plupart à l'eau-forte, par *Guido Reni* et
Cantarini. 92 r.

DORIGNY (Par *Nicolas*).

60 Sujets tirés des Actes des Apôtres : 7 r. d'apr. des
Cartons de Raffaello à Hamptoncourt; — la Descente
de Croix, d'apr. Dan. Ricciarelli de Volterre; — les
quatre Pendantifs peints par Dom. Zampieri, dans
l'Eglise de Saint-André, à Rome. 12 r.

DREVET Fils (Par *Pierre-Imbert*).

61*Jac.-Ben. Bossuet : Portrait en pied, d'apr. H. Rigaud.

DUCHANGE (Par *Gaspard*).

62*Les Vendeurs chassés du Temple, le Repas chez le
Pharisien, d'apr. J. Jouvenet; — plus, la Maladie
d'Alexandre, d'apr. Le Sueur, par *B. Audran*. 3 r.

DYCK (Par et d'après *Antoine Van*).

63 Le Christ au Roseau, le Titien près de sa Maîtresse,
et neuf Portraits gravés à l'eau-forte, par *Van Dyck*;
et différens Sujets et Portraits, d'apr. ce Maître, par
Bolswert, *Hollar*, *Hondius*, *Iode*, *Lombart*, *Louys*,
Lyvyns, *Neeffs*, *Pesne*, *Du Pont* ou *Pontius*,
Vermeulen, *Visscher*, *Vorst*, *Vorsterman*, etc. 106 r.
2 Lots.

EARLOM (Par *Richard*).

64 Paysages gravés au lavis, d'apr. des Tableaux de Claude
le Lorrain : 25 r. Epr. au bistre : elles font partie de
l'Ouvrage intitulé *Liber Veritatis.*

EDELINCK (Par *Gérard*).

65 Michel Le Tellier, d'apr. Fer. Voet ; Arnauld et Phi.
de Champaigne, d'apr. Champaigne ; Des Jardins et
Léonard, d'apr. Rigaud ; et 12 autres Portraits. 17 r.

JULES ROMAIN (D'après *Giulio* PIPI dit).

66 Sujets de l'Histoire sacrée, Traits historiques et fabuleux, par *G. Audran, Bartoli, Geor. Ad. et Dian.
Ghisi Mantuano, Geor. Pens*, et autres. 30 r.

LE BRUN (D'après *Charles*).

67 Différens Sujets, Batailles, Plafonds et Etudes : plusieurs de ces r. gravées par *G. Audran et Al. Loir.*
44 Morc., 2 sur châssis.

LE SUEUR (D'après *Eustache*).

68 Sujets de l'Histoire Sacrée et de l'Histoire Profane,
par *G. Audran, Beauvais, Chauveau, Duchange,
C. Dupuis*, les deux *Picart*, etc. : dans ce nombre,
la vie de Saint Bruno, 22 r., tit. compr. (manq. le
n.º 16), et 23 Morc. d'apr. les peintures de l'Hôtel
Lambert. 85 r. 2 Lots.

MEULEN (D'apr. *Antoine-François-Vander*).

69 Actions militaires, Chasses, Vues, Paysages et Etudes
de Chevaux, par *Bauduins, Bonnart, N. Cochin,
Huchtenburgh* et *C. Simonneau.* 53 très-grandes,
moyennes et petites r.

MORGHEN (Par *Raphaël*).

70*La Sainte-Famille, d'apr. And. del Sarto : **r.** dite *La Madonna del Sacco.*

71*La Poésie, la Philosophie, la Jurisprudence et la Théologie, d'après Raphaël. Epr. avant la lettre : de ces 4 **r.**, la 1.re et la 4.e sous verre.

NANTEUIL (Par *Robert*).

72 Turenne, d'apr. Champaigne; Foucquet, Gassendi, Chapelain, et 36 autres Portraits, Souverains, Hommes d'épée, de robes, Gens d'Eglise, etc. 40 **r.**

NÉE (Par *François-Denis*).

73 Vues de Constantinople et des Rives du Bosphore, d'apr. M.r Melling, par *Née*, et sous sa direction. 11 **r.**

NOVELLI (Par *Francesco*).

74 Sujets, Portraits, Etudes de têtes, Chasses et Animaux gravés à l'eau-forte : la plupart copiés d'apr. des Estampes de Rembrandt et de M.r Denon. 64 **r.**

PARMESAN (Par et d'apr. *Franc. Mazzuoli dit Le*).

75 Le Christ au tombeau, la Résurrection, par *Mazzuoli*; et des Sujets d'apr. lui, par *Bloemaert, Caralius, Coelmans, Longhi, Vorsterman,* etc. ; plus, des Frises et des Vases, d'apr. Polidoro Caldara par *Cher., Alberti, Bartoli* et *Galestruzzi.* 70 **r.**

PESNE (Par *Jean*).

76 Saphyre frappée de mort; deux Compos. différentes du Sujet de la Sainte-Famille; Jésus et la Samaritaine; l'Assomption de la Vierge; le Ravissement de Saint Paul; Galathée; le Testament d'Eudamidas, etc., d'après N. Poussin : 10 Morc.

PORPORATI (Par *Carlo*).

77* Susanne au bain, d'apr. J.-B. Santerre.

POTTER (D'après *Paul*).

78 Lions, Bœufs, Vaches, Boucs, Chèvres, Béliers, Moutons, etc., par *Marc. de Bye.* 52 r.

POUSSIN (D'après *Nicolas*).

79 Sujets tirés de l'Ancien et du Nouveau-Testament; Saints et Saintes; Traits historiques et fabuleux; Allégories ; Bas-Reliefs, Paysages et Etudes : par les *Audran, Baudet, Château, Daullé, G. Dughet, Mellan, Natalis, Pesne, les Picart, les Poilly, Rousselet, C. Stella* et nombre d'autres. 180 r. 4 Lots.

PRIMATICIO (D'après *Francesco*).

80 Sujets, la plupart d'apr. les Peintures exécutées à Fontainebleau, par Primaticio et le Rosso : de ces Morceaux, plusieurs gravés par *R. Boivin, Gior. Ghisi Mantuano* et *Léon Daven;* plus, des Scènes tirées des Métamorphoses, par Leonardi Thiry. 125 r.

RAFFAELLO SANZIO *d'Urbino* (D'après).

81 Sujets de l'Ancien et du Nouveau-Testament, Saintes-Familles, Enfance de Jésus, Saints, Saintes, Apôtres, Allégories sacrées et profanes, Traits historiques et fabuleux, Bas-Reliefs, Statues, Etudes, etc., par *Agostino de Musis* dit *Vénitien, G. Audran, Bartoli, Beatricius l'ancien, Beatrizet, C. Bus, Gior. Ghisi Mantuano, Marco de Ravenne, Morin, Pesne, Perrier, Picart, Marco-Antonio Raimondi, Rousselet, Scalberge, Æn. Vicus, Villamena, Vorsterman, Vuibert* et autres. 340 r. 4 Lots.

REMBRANDT (Par et d'après *Van Rhyn*, dit).

82 Sujets de l'Ancien et du Nouveau-Testament; autres de Genre, Portraits, Etudes de Figures et de Têtes, Animaux, etc., par *Rembrandt*, et d'apr. lui par *Desmaissons*, *Picart*, et sous la direction de Le Bas. 64 *p.*

RUBENS (D'après *Pierre-Paul*).

83 Sujets de l'Histoire-Sainte, Traits fabuleux et historiques, Chasses, Paysages, Animaux, Portraits, Antiquités, etc., par *S.-A. Bolswert*, *Bloteling*, *Duchange*, *Eynhouedt*, *Galle*, *Panneels*, *Picart*, *Pontius*, *Soutman*, *Tardieu*, *Vorsterman* et autres. 109 *p.* 2 Lots.

SAINT-AUBIN (Par *Augustin* de).

84 J.-J. Barthélemy, Danville, Diderot, Fénélon, Pellerin et vingt autres Portraits. 33 *p.*

STELLA (Par *Claudine Bousonnet*).

85 Le Frappement du Rocher, la Sainte-Famille, Sainte Anne, Sainte Elizabeth, le petit Saint Jean et des Anges, et le Boiteux guéri, d'apr. N. Poussin. — Plus, la Passion de Jésus-Christ, Suite de 14 *p.* On attribue la composition de ces Sujets à Jac. Stella, 17 Est.

VERDIER (Par et d'apr. *François*).

86 Histoire de Samson, par et d'apr. *Verdier*: 40 *p.*, compris Tit. et Frontis.; — plus, d'apr. J. Vernet, 12 Paysages et Marines, la plupart d'*Aliamet* et *Cathelin*; — d'apr. S. Vouet, des Sujets divers, par *Daret*, les *Dorigny* et *Tortebat*, etc. 120 *p.*

VERNET (Par M.ʳ *Carle*).

87 Scènes militaires, Suite de Chevaux et de Chiens, et
Etudes d'Animaux : Dessins lithographiés. 53 p.

VOLPATO (Par *Joannes*).

88 L'Ecole d'Athènes, d'apr. Raphaël.

DIFFÉRENS VIEUX MAITRES, ETC.

89 Cent cinquante-six Sujets, Portraits, Paysages et
Etudes : 36 en taille de bois et en clair obscur; plu-
sieurs sont d'apr. Raphaël, le Parmesan et Albert
Durer, par *Andreani, Hugo da Carpi* et autres ; —
13 en manière noire, par *Faber, Houston, Smith* et
Withe; 109 au lavis ou à l'aquatinte, la plupart par
Le Prince, Mulinari et *Saint-Non.* 2 Lots.

90 Sujets de l'Histoire Sacrée et de l'Histoire Profane,
Batailles, Chasses, Arabesques et Ornemens, par et
d'apr. *Aldegrever,* les *Beham, A. Collaert, E. De-
laulne* ou *Stephanus, C. Matsys, V. Solis,* etc.
145 p.

MORCEAUX A L'EAU-FORTE,

PAR DES PEINTRES ET DES DESSINATEURS.

91 Sujets de l'Histoire Sainte et de l'Histoire Profane;
Actions militaires; Ruines; Paysages, et Etudes de
Figures et d'Animaux, la plupart dessinés et gravés
à l'eau-forte, par *La Bella, Castiglione, Farinati,*

Franco Grimaldi dit *le Bolognèse*, *Londonio*, *Maratti*, *Ribera* et *Testa*. 152 r. 2 Lots.

92 Sujets divers, Scènes de Tabagie et autres, Suites de Paysages et d'Animaux, dessinés et gravés à l'eau-forte, par *Béga*, *Berchem* ou *Berghem*, les *Both*, *Cabel*, *Du Jardin*, *Neve*, *Rubens*, *Ruydael*, *Stoop*, *Swanevelt*, *Teniers*, et d'apr. eux. 200 r. 2 Lots.

93 Sujets, Actions militaires, Vues, Marines, Paysages, Suites de Poissons et de Quadrupèdes, Antiquités, Études de Figures, d'Animaux et de Bâtimens de mer; dessinés et gravés à l'eau-forte, par *Bechon*, *Boucher*, *Brebiette*, M.ᵉ *Castelan*, *Chaperon*, *Chauveau*, *Courtois* dit le *Bourguignon*, *De La Hyre*, *Gasparo Duché*, *Flamen*, *Fragonard*, *Huet*, *F. Hutin*, *Lagrenée J.*, *Le Clerc*, *Le Pautre*, *N. Loir*, *Loutherbourg*, *L. Moreau*, *Nic.* et *P. Ozanne*, *Peyron*, *Reclam*, *Riualz*, *P. P. A.* et *H. Robert*, *J. Vernet*, *Vien*, MM.ⁱˢ *Bidauld*, *Desormery*, *Norblin*, M.ˡˡᵉ *Gérard*, et autres Artistes français. 276 r. 2 Lots.

94 Vues et Paysages, dessinés et gravés à l'eau-forte, par les *Perelle* et *Isr. Silvestre*. 250 r.

DIFFÉRENTES ÉCOLES.

95 Sujets de tous genres, d'apr. des Maîtres des Ecoles de Florence, de Rome, de Sienne, de Parme, de Bologne, de Venise, de Milan, de Gênes, de Naples, etc. 400 r. 3 Lots.

96 Sujets par et d'apr. des Maîtres d'Allemagne, de Flandre, de Hollande et d'Angleterre. 350 r. 2 Lots.

97 Deux cent vingt r., d'apr. des Maîtres de l'Ecole

française : dans ce nombre, on en trouve d'apr. Le
Vouet, Le Poussin et Le Sueur. 2 Lots.

98 Sujets, Etudes de Figures, de Têtes, d'Animaux,
Paysages, Plantes, Fleurs, et Principes divers, d'apr.
des Maîtres d'Italie et de France : More. en manière
de crayon, ou au pointillé, par *Demarteau*, *Duruis-
seau*, *Janinet*, *Lingée*, MM. *Bertrand*, *Cazenave*,
Girard, *Lefevre*, *Legrand*, *Noël* et *Ruotte*. Epr.
tirées à la sanguine ou en noir. 440 r. 5 Lots.

99 Etudes d'Anatomie, Plantes, Quadrupèdes, Oiseaux,
Reptiles, etc. 250 r. 2 Lots.

100 Sujets, Vues d'Italie, et Paysages, par MM. *Bacler-
d'Albe*, *Thienon* et *Villeneuve*; plus, quelques
Portraits par MM. *Jul. Boilly*, *F. Grenier*,
J. Isabey, et *S.-J. Gros* : 33 Dessins lithographiés.

PORTRAITS ET VIGNETTES.

101 Portraits : par M.ʳ *Langlois*, Barthélemy; — M.ʳ *Pra-
dier*, Suard; — M.ʳ *Roger*, Delille, Constantin; —
M.ʳ *Tardieu*, Alexandre-le-Grand, Washington,
Montesquieu, Ney; et 27 autres, par des Graveurs
modernes : 35 r.; plusieurs des Epr. sont avant la
lettre.

102 Portraits gravés par *Baron*, *Mellan*, *Morin*, *Nanteuil*, *Pitau*, *Poilly*, *Roullet*, *Schuppen*, *Visscher*,
Vorsterman et autres; plus, 46 Portraits d'Artistes.
210 r. 4 Lots.

103 Figures et Vignettes : par *Bartolozzi*, *J.-J. Coiny*,
Saint--Aubin, *Choffard*, MM. *Dambrun*, *Coiny*

fils, *Massard*, *Roger* et nombre d'autres : 138 r.; plusieurs des Epr. sont avant la lettre. 2 Lots.

MORCEAUX DE DIFFÉRENTES SUITES
ET EAUX-FORTES DE GRAVEURS.

104 Soixante-quatorze r.; plusieurs font partie de celles du Musée, publiées par Robillard et Laurent; du Musée, publiées par Filhol; d'autres des Galeries de Florence, et du Palais-Royal.

105 Soixante-quatre Estampes, des Cabinets Crozat, Choiseul, Poullain et Le Brun, et de la Suite intitulée: *Schola Italica Pictura...;* et deux cent quarante r. d'apr. des Dessins, la plupart du Cabinet du Roi. En tout 304 r. 3 Lots.

106 *Imitations of Ancient and Modern Drawings engraved, and Published by C. M. Metz. London, MDCCLXXXIX.* 116 r. de cet Ouvrage.

107 Pièces à l'eau-forte ou au trait, par des Graveurs du 18.ᵉ siècle, et par des Artistes des Ecoles actuelles : elles sont exécutées d'apr. des Tableaux et des Dessins, et représentent, les unes des Sujets, des Marines et des Paysages; les autres, des Vignettes et des Portraits. 520 r. 5 Lots.

VUES, ANTIQUITÉS, *etc.*

108 Vues de Lieux célèbres et autres, Antiquités, Monumens, etc. 455 r. 4 Lots.

109 Bas-Reliefs d'apr. l'Antiqu   Frises, la plupart

d'apr. Polidoro da Caravaggio; Statues, Bustes, Arabesques et autres Ornemens. 249 p. 3 Lots.

110 Estampes, la plupart répétitions de celles décrites du n.º 42 au n.º 109 du présent Catalogue; Cet article sera divisé.

ESTAMPES EN VOLUMES

ET LIVRES A FIGURES.

Différentes Suites.

111 *Historia del Testamento vecchio dipinta in Roma nel Vaticano da Raffaelle di Vrbino*, gravée à l'eau-forte par *Badalocchi* et *Lanfranchi*. Edit. de 1614, in-8.° obl. rel. — *Sacræ Historiæ acta a Raphaele Vrbin...* Sujets de l'Histoire Sacrée, d'apr. les Peintures de Raphaël d'Urbin au Vatican, par *Chaperon*. In-fol. obl. broch.

112 L'Entrée de l'Empereur Sigismond dans la ville de Mantoue, Sujet représenté dans une frise au Palais du T, par *Le Primatice*, sur les Dessins de Jules Romain ; gravée par Ant.-Bouz. Stella, 1675, in-fol. obl. broch.

113 Travaux d'Ulysse, d'apr. les Fresques du Primatice, ou plutôt de Messer Nicolo, gravés par Van Thulden ; Suite précédée d'une explication. 1633, in-fol. broch. — *Picturæ Francisci Albani in Æde Verospia*, représentant des Sujets de la Fable, gravés par *Frezza*. 1704, in-fol. cart.

114 *Francisco Comiti Algarotto...* Suite de Paysages, par *Mar. Ricci*. Venise, 1743. — Têtes, d'apr. Ant. Van Dyck, par *Caylus*. — Histoire de Joseph, fig. d'apr. Rembrandt, par *Caylus*. Amsterdam, 1757. — Paysages, au nombre de 36, par *Her. Van Swanevelt*.

115 Sujets de l'Iliade d'Homère, 34 Pl. — Sujets de

l'Odyssée d'Homère, 28 Pl. Ces Suites gravées au trait, d'apr. les Compositions de John Flaxman, sculpt. anglais; la deuxième Suite, datée de 1803, est précédée d'une explication sur deux feuilles. Le tout obl.

116 La Vie de Saint Bruno, peinte par Le Sueur, gravée par *Fr. Chauveau.* 24 Pl., 22 de Sujets, 1 de Tit. et 1 de la Déd., par Cousinet. In-fol. rel.

117 Cours historique et élémentaire de Peinture, ou Galerie complette du Muséum central de France (Musée Royal), publ. par Filhol. Paris, 1802 et années suivantes, 35 Livr. in-4.°, n.os 1 à 33, et 35 et 36.

118 Recueil d'Estampes, d'apr. des Dessins du Cabinet du Roi, par *J.-B.* et *Mich. Corneille, Massé* et *Pesne.* In-fol. obl. cart.

HISTOIRE NATURELLE.

119 *Historiæ naturalis de Quadrupedibus, de Insectis, de Exanguibus aquaticis, de Piscibus et Cetis, et de Avibus.* Liv. 1, 3, 4, 5, 6, par *Joh. Jonstonus.* Amestelodami, 1657, 2 vol. in-fol. rel.

ARCHITECTURE, *etc.*

120 Les quatres Livres de l'Architecture d'*André Palladio*, mis en français. Paris, 1650, fig. en bois. — Les cinq Ordres d'Architecture de *Vincent Scamozzi.* Paris, 1685, fig. — Ordonnance des cinq espèces de Colonnes, par *Perrault.* Paris, 1683, fig. — *A Treatise of the five orders in Architecture.* London, 1722, fig. — Et Parallèle de l'Architec-

ture antique et de la moderne. Seconde Edit. publ.
par Fr. Iollain. 5 vol. in-fol. rel.

121 La Perspective d'Euclide, Traduc. de *Chambray*,
Paris, 1663; — 3.ᵐᵉ et dernier Livre de la Perspective
pratique, par un *Religieux* de la Compagnie de Jé-
sus. Paris, 1649; — la Perspective, par *Ozanam*.
Paris, 1720; — Traité de Perspective, par *Ber. Lamy*.
Paris, 1701; — Nouveaux Principes de la Perspective
Linéaire, trad. de l'anglais et du latin, par *Newton*.
Amsterdam, 1757, 5 vol. rel., les 1.ᵉʳˢ in-4.º, les
autres in-8°.

122 Les plus beaux Monumens de Rome ancienne, par
Barbault. Rome, 1761, in-fol. cart. Fig.

123 Palais, Maisons, et autres Edifices modernes, dessinés à Rome, publ. à Paris, 1798 et années suivantes; 83 Pl. de cet Ouvrage; — Recueil de Vues et
Fabriques pittoresques d'Italie, par *C. Bourgeois*.
66 Pl. de cet Ouvrage.

124 *Manuale di Varj ornamenti da Carlo Antonini.*
Roma, 1790 (les 3.ᵉ et 4.ᵉ vol.) in-fol. cart.; Recueil
de Vases antiques, par *Ch. Errard*, in-fol. rel.; —
Recueil de Décorations qui ont rapport à l'ameuble-
ment, 24 Pl. au trait, d'apr. C. Percier et P.-F.-L.
Fontaine. Paris, an IX (1800), les 4 1.ᵉʳˢ Cah.

125 Nouvelles Vues perspectives des Ports de France,
dessinées pour le Roi, par Ozanne, ingénieur de la
Marine, gravées par *Y. Le Gouaz.* 61 p. Tit. compris. Les Epr. des 60 Vues sont avant la lettre.

MYTHOLOGIE, *etc.*

126 Iconologie ou Explication d'Images, d'Emblêmes,

etc.; tirée de César Ripa, par *J. Baudouin.* Paris, 1681, in-4.° rel. Fig.

127 Fables de La Fontaine, Fig. par *Simon* et *Coiny.* Paris, Didot aîné, 1787, 6 vol. in-18, pap. vélin. Exempl. en feuilles, les Fig. en 46 Livraisons : 1.res Épr.

128 *Fastos Magistratum et Triumphorum Romanorum,* par *Hub. Goltzius.* Brugis, 1566. In-fol. rel. Fig. Un 2.° Exempl., Edit. de 1571.

129 *L'Historia Augusta da Giul. Cesare a Constantino da Franc. Angeloni, e descritti da Gio: Piet: Bellori. Roma,* 1685. In-fol. rel. Fig.

ANTIQUITÉS.

130 Discours sur la Castramétation et Discipline militaire des Romains. Lyon, 1555, in-4.° rel. Fig. en bois.

131 Costumes des anciens Peuples, par *Dandré-Bardon,* Paris, 1772, 74 Fig., Vol. I et II; — le Costume, ou Essai sur les Habillemens et les Usages de plusieurs Peuples de l'Antiquité, par *André Lens.* Liège, 1776, Fig. Ces 2 Ouvrages in-4.°, le 1.er cart.

132 *Vestigi delle Antichita di Roma Tivoli pozzuolo e altri luochi,* par *Egid. Sadeler,* 1556. *Parigi,* 1660, in-fol. obl. rel.

133 *Veteres Arcus Augustorum Triumphis....* les anciens Arcs de Triomphe, dessinés et gravés par *P.-S. Bartoli,* les notes par P. Bellori. Rome, 1690. In-fol. rel. Fig.

134 *Fragmenta Vestigii veteris Romæ ex Lapidibus Farnesianis nunc primum in lucem edita cum notis Io: Piet: Bellori.* Fig. en 20 Pl., non compris celles

du Tit. et des Vignettes. — *Arcus L. Septimii Severi Ang.*..... L'Arc de Septime Sévère; les explications par Jos.-Mar. Suaresii. Rome, 1676. Fig. en 6 Pl.

135 *Colonna Traiana*..... Colonne Trajane, en 124 Pl. : Exempl. en feuilles; manque 5 Pl. — *Columna Antoniniana*..... Colonne Antonine, en 76 Pl., décrites par P. Bellori. Exempl. rel. Les Fig. de ces deux Ouvr. in-fol. obl., dessinées et gravées par *P.-S. Bartoli.*

136 *Le Pitture antiche*..... Les Peintures antiques du Sépulcre des Nasoni, sur la voie Flaminia ; dessinées et gravées par *P.-S. Bartoli;* décrites par G.-P. Bellori. Rome, 1680, petit in-fol. rel.

137 *Admiranda Romanarum*... Chefs-d'OEuvre admirables des Antiquités romaines et de Sculpteurs anciens; dessinés et gravés par *P.-S. Bartoli;* les notes par P. Bellori. Rome, 1693, in-fol. obl. cart.

138 *Le antiche Lucerne*... Les Lampes antiques, dessinées et gravées par *P.-S. Bartoli;* les observations par G.-P. Bellori. Rome, 1691. 2 Exempl. — Plus, un 3.ᵉ Exempl. : ce dernier Exempl. de l'Edit. de 1729. Ces 3 vol. in-fol. 3 Lots.

139 *Icones et Segmenta illustrium*..., ou Bas-Reliefs et Fragmens en marbre qui subsistent encore à Rome : 55 Pl. sous 50 n.ᵒˢ, non compr. celle du Tit. datée de 1645. — *Segmenta nobilium*... Fragmens de Statues célèbres de la ville de Rome : 100 Pl. ; et le Tit. daté de 1638. Ces Suites dessinées et gravées par *F. Perrier.* — Plus, Collections de Statues de divers Muséum, de Rome, Naples, Florence, etc. 27 Pl. in-4.ᵒ, contenant 209 Sujets. 54 r. Epr. et contre-Epr. 3 vol. broch.

140 Vases, Candelâbres, Cipes, Sarcophages, Trépieds, Lampes, Ornemens anciens, etc., par *Gio. Batt. Piranesi*. 3 vol. (contenant 160 Epr.). Atlas et in-fol. cart. 2 Lots.

141 Bas-Reliefs dessinés et gravés à l'eau-forte, par *P. S. Bartoli*, d'apr. Raphaël d'Urbin; 43 Pl. compris celle du titre, en 6 lignes, intitulé : *Eminentissimo ac reverendissimo Principi Camillo Maximo S. R. E. cardinali Amplissimo..... animi mei monumentum dico, et deuoueo.* in-fol., obl. cart.

142 *Ionian Antiquities, Published with permission of the Society of dilettanti by. Rich. Chandler Nic. Revett and W. Pars. London*, 1769, in-fol., rel. fig. (le 1.{er} vol.).

143 Les Ruines de Pœstum ou Posidonia, ancienne ville de la grande Grèce, par *C. M. Delagardette*. Paris, an vii (1798), in-fol. broch., fig. 5 Exempl. .

144 Antiquités étrusques, grecques et romaines, tirées du cabinet d'Hamilton, par d'Haucarville; texte en anglais et en français. Naples, 1766, in-fol. rel. fig. (les 2 1.{ers} vol.)

145 Sujets de vases grecs avec leurs inscriptions, tirés de la Collection du Chev.{er} Hamilton; 72 Pl. au trait, précédées d'une explication. Vol. in-fol., obl. broch.

146 Recueil de Pierres gravées antiques. Paris, P.-J. Mariette, 1732-37: 2 parties en 1 vol. in-4., rel. fig.

147 Monumens de la Vie privée des douze Césars, d'apr. une suite de Pierres et Médailles gravées sous leur règne. Caprées, 1782, in-8.º, rel. fig.

MÉDAILLES.

148 *Le imagini delle donne Auguste di Enea vico. Vinegia*, 1557, in-4.° fig.

149 *Regum et Imperatorum numismata. Antverpiæ*, 1654; — *Familiæ Romanæ.....* Ces 2 Ouvrages, d'Ant. Augustini. 2 vol. in-fol., rel. fig.

150 *Scelta de Medaglioni piu rari Nella Biblioteca dell' card. Gasp. Carpegna. Roma*, 1679, in-4.° fig.

151 *Osservazioni istoriche sopra alcuni medaglioni antichi del Cosimo III. Roma*, 1698. In-4.° rel. Fig.

152 Introduction à la science des Médailles, par *D. Th. Mangeart*, religieux bénédictin. Paris, 1763. In-fol. cart. Fig.

153 Médailles de grand et moyen bronze, du Cabinet de la reine Christine, gravé par *P.-S. Bartoli*; expliq. par un Comment. traduit du latin, de Sig. Havercamp. La Haye, 1742. In-fol. rel. Fig.

154 *Omnium Cæsarum verissimæ imagines ex antiquis numismatis desumptæ addita per brevi cujusque vitæ descriptione, etc., libri Primi, editio altera. Æneas Vicus. l'arm. F anno* 1553, in-4.° Fig.; — le même Ouvr. Edit. de 1614. 2 Lots.

155 *Ex libris XXIII Commentariorum in vetera Imperatorum romanorum numismata Æneæ vici. Parisiis,* 1619; — *Reliquæ Augustarum imagines et numismata Æneæ vici A 10 : Bapt. Duval restitut. Lutetiæ,* 1630. Ces 2 Ouvrages en 1 vol. in-4.° rel.; — Plus, un double exempl. du 1.er Ouvrage. 2 Lots.

156 *Thesaurus morellianus, sive familiarum roman. numismata disposita ab Andr. Morellio, edidit et Comment. illustravit, Sigeb. Havercampus. Amstelædami, 1734, 2 vol. in-fol. cart. Fig.*

157 *Imperatorum romanorum numismata aurea; acced. Ludol. Smids romanor. impp. pinacotheca; Sigeb. Havercampus recensuit et auxit. Amstelodami, 1738, in-fol. rel., Fig. de Jac. de Bie.*

158 *Del Tesoro Britannico, ovvero il museo nummario, ove si contengono le medaglie greche e latine in ogni metallo e forma delineate e descritte da Nic. Franc. Haym in Londra, 1719-20. 2 tom. en 1 vol. in-4.° rel. Fig.*

159 *Imperatorum romanorum numismata, ex ære mediæ et minimæ formæ descripta. Carolum Patinum Argentinæ, 1671, in-fol. rel. Fig.*

160 *Numismata ærea impp. Augustarum, et Cæsarum, in coloniis, municipiis et Urbis, etc. — Jo. Foy-Vaillant percussa. Parisiis, 1688 seu 1697. 2 parties en 1 vol. rel. Fig.*

PORTRAITS, ETC.

161 *Imagines et Elogia Virorum illustrium et ervditor ex Antiqvis. . . . Romæ, 1570, in-fol. rel. Fig.*

162 *Icones Imperatorum romanorum, Hub. Goltzium. Auvers, 1645. In-fol. rel. Fig. sur bois, impr. en clair obscur. — Appendix ad imagines illustrium*

ex fulvii Vrsini Bibliotheca, Antuerpiæ à thed. Gallæo expressas , 1606. In-4.ᵉ Fig.

163 *Icones Principum, Virorum, Doctorum, Pictorum, Chalcographorum, Statuariorum nec non Amatorum pictoriæ artis numero centum ab. Ant. Van Dyck, Antuerpiæ, Gillis Hendriex , excudit.* In-fol. cart.

164 Le Cabinet des plus beaux Portraits faits par Ant. Van Dyck. La Haye, 1728. In-fol. cart.

165 Les Hommes illustres qui ont paru en France pendant ce siècle (le 17.ᵉ), par *Ch. Perrault.* Paris, 1696-1700. 2 tom. en 1 vol. in-fol. rel. Fig. au nombre de 100, par *Edelinck* et autres.

166 Soixante Volumes et Cahiers : Sujets, Histoire naturelle, Architecture, Antiquités, Médailles, Cérémonies, Portraits, etc. 7 Lots.

LIVRES SUR LES ARTS.

167 Histoire de l'Art chez les Anciens, par *Winkelmann;* traduite de l'allemand. Paris, an 11, 2 vol. broch. fig.

168 Œuvres complètes d'*Antoine-Raphaël Mengs;* trad. de l'italien. Paris, 1786, 2 vol in-4.ᵒ broch. — Le même, Ouvrage. Paris, 1787, in-4.ᵒ, rel. 2 Lots.

169 *Trattato della Pittura di Lionardo da Vinci da Rafaelle du Fresne.* Parigi, 1651, in-fol. rel. fig.

170 Traité de la Peinture de Léonard de Vinci, par R. F. D. C. Paris, 1751, in-fol. rel. fig.

171 Le Grand Livre des Peintres, par *Gér. de Lairesse,*
traduit du hollandais. Paris, 1787, 2 vol. in-4.°
rel. fig.

172 L'Art de Peinture, de *Charl.- Iph. Du Fresnoy,*
traduit en français. Paris, 1668. — *The Art of
Painting by C.-A. Du Fresnoy, with remarks.
London, 1716.* — L'Art de Peindre, traduct. libre
en vers français. Paris, 1789. Ces 3 vol. in-12 et
in-8.°

173 Cours de Peinture, par Principes, par *De Pilles.*
Paris, 1708. — Recueil de divers Ouvrages sur la
Peinture et le Coloris, par *De Pilles.* Paris, 1755.
— Traité de la Peinture, par *Richardson* père.
(Vol. contenant les tom. 1 et 11 . Traité de la Pers-
pective, par *Bern. Lamy.* Amst., 1734. Ces 4 vol.
in-12 et in-8.°

174 De l'Usage des Statues chez les Anciens, Essai historique. Bruxelles, 1768, fig. — Observations sur
quelques médailles du Cabinet de M. Pellerin, par
Le Blond. La Haye, 1771, fig. vol in-4.° rel.

175 *L'Abecedario Pittorico. Napoli,* 1735. — *Le Vite
de Pittori Scultori et Architetti moderni da Gio.-
Piet. Bellori. Roma,* 1672 *(parte prima). — Delle
Vite de più eccellenti Pittori Scultori et Archi-
tettori da Gior. Vasari.* 2 vol., l'un de l'Édit. de
Fiorenza, 1568; l'autre de celle de *Bologna,* 1667.
Ces 4 vol. in-4.° rel.

176 *Felsina Pittrice Vite de Pittori, Bolognesi, Dal.
Co. Car. Ces. Malvasia. Bologna,* 1678. 2 vol. in-4.°
rel., fig. en bois.

177 Vies des fameux Architectes. — Vies des fameux

Sculpteurs, par D. . (d'Argenville). Paris, 1787, 2 vol. in-8.º

178 Histoire abrégée des plus fameux Peintres, Sculpteurs et Architectes espagnols, traduite de Don A. Pal. Velasco. Paris, 1749. — Dictionnaire des Peintres espagnols, par *F. Quilliet.* Paris, 1816. — Et Observations sur quelques grands Peintres, par *Taillasson.* Paris, 1807. Ces trois vol. in-12 et in-8º.

179 Discours prononcés dans les Conférences de l'Académie, par *Ant. Coypel.* Paris, 1721. — Entretiens sur les Vies et sur les Ouvrages des plus excellens Peintres anciens et modernes, par *Félibien* (1.er vol.). Paris, 1685. Ces deux vol. in-4.º rel.

180 *Raccolta di Lettere sulla Pittura Sculptura ed Architettura scritte da' più celebri Professori... Roma,* 1754—68, 6 vol. in-8.º rel.

181 La Peinture, poëme, par *Le Mierre.* Paris, 1769, in-4.º rel.

182 Différens Ouvrages sur les Arts, etc., huit vol.

DIVERS OBJETS.

183 Bas-Relief, Arabesque et Bustes. 9 Morc. émaillés.

184 Buste de jeune Femme : Morc. en bronze sur socle en marbre.

185 Camées en verre, 280 souffres de Pierres antiques et de Médailles, et quelques Morc. en plâtre. 2 Lots.

186 Cent soixante-dix Médailles d'argent, la plupart romaines.

187 Quatre cent soixante Médailles de grand bronze.

188 Huit cent cinquante-deux Médailles, 663 sont en moyen bronze, les autres en petit bronze.

189 Soixante Médaillons et Médailles en bronze, frappés la plupart de 1800 à 1813.

190 Médaillons et Médailles en bronze, empreintes en plomb, avant 1789 et depuis 1814; quelques Monnaies, etc.

191 Outils de Graveurs, Loupes et Planches en cuivre. Cet article sera divisé.

192 Des Bordures, des Volumes avec papier, des Porte-feuilles, et d'autres Articles non décrits seront divisés sous ce n°.

FIN.

www.ingramcontent.com/pod-product-compliance
Lightning Source LLC
LaVergne TN
LVHW010438060726
842527LV00005B/1567